Juegos de Lectura
LECTURA EFICAZ

Carmeta no está

 Bruño

¿A QUÉ JUGAMOS?

2

SALIDA

3

Prepara el juego

PASO **1** Observad la cubierta de vuestro libro *Carmeta no está.* Vamos a hablar de ella.

PASO **2** Si pasáis las hojas del cuaderno, veréis que cada actividad es de un color. Eso indica lo que vais a trabajar para mejorar vuestra lectura.

LA COMPRENSIÓN

LAS PALABRAS

LA MEMORIA

LA VISTA

LA ESCUCHA

1

5

4

Juegos de Lectura
LECTURA EFICAZ

Carmeta no está

Bruño

1 ¿Cómo se titula el libro?

2 ¿Cuántos personajes aparecen?

3 Nombra tres objetos que veas en la cubierta.

4 ¿Cómo es el personaje que aparece?

5 ¿De qué crees que trata esta historia?

Las reglas del juego

PASO 1 Organizaos en grupos de tres o cuatro participantes. Uno de vosotros arbitrará el juego y dirá si se cumplen las reglas. ¡Sin trampas!

PASO 2 Colocaos en la casilla de salida. ¿Preparados?

PASO 3 Tirad el dado: sale primero el que saque un número mayor. ¿Todos de acuerdo?

PASO 4 El primer jugador tira el dado y avanza las casillas que indique:

- Si cae en una casilla vacía, pierde la vez. ¡Otra vez será!
- Si cae en una casilla con círculo de color, avanza una casilla más y vuelve a tirar. ¿Recordáis qué indica el color?
- Si cae en una casilla numerada, responde a la pregunta sobre la cubierta del libro y vuelve a tirar.
- Gana quien llegue primero a la meta.

JUEGO 1

¡Empezamos!

Lee el **capítulo 1**. Colorea la **viñeta** correcta.

➡ **¿A qué juega Carmeta con los amigos?**

 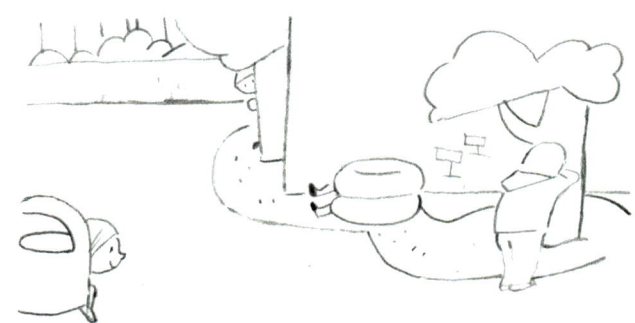

➡ **¿Dónde se esconde en el recreo?**

➡ **¿Qué le pide Carmeta a su madre?**

➡ **Y a ti, ¿a qué te gusta jugar?**

Juega con las palabras

Une cada palabra con su foto.

VARITA

HADA

PAPELERA

BANCO

FAROLA

Encaja las piezas

Une con flechas las sílabas para formar palabras.

RE

CA

BAN

CA

PA

CO

LOJ

MA

Idea principal

Señala la frase que mejor explica el dibujo.

☐ Carmeta juega al escondite.

☐ Carmeta juega al fútbol.

Letra repetida

Descubre las letra que se repite.

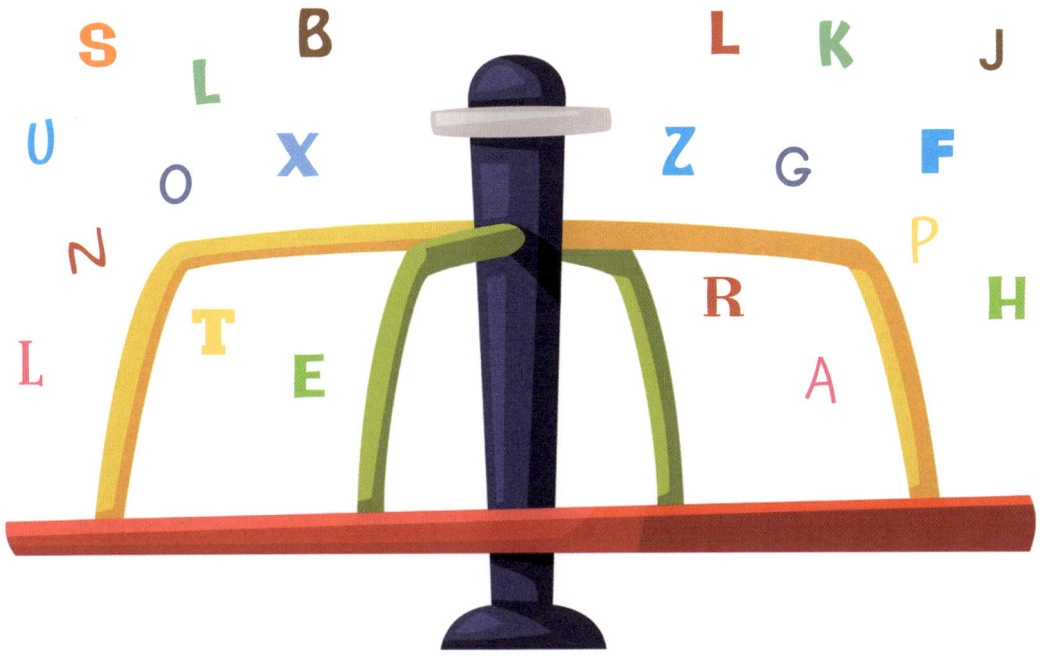

La letra [____] se repite [____] veces.

Descubre las diferencias

Descubre las cinco diferencias que hay entre estos dos dibujos.

Solo con los ojos

Lee cada palabra con un golpe de vista.

En casa se esconde debajo de la cama , dentro

del armario o detrás de la cocina .

→ ¿Qué hace debajo de la cama?

Lee cada pareja fijando la vista en el punto central. Repítelo varias veces.

hada casa   grito boca   banco árbol

capa cama   reloj sola   ojos capa

→ ¿Qué palabra está dos veces?

Rodea con un círculo rojo las letras «a» y con un círculo azul las letras «i».

Si tuviese una varita, no me veríais y os pillaría a todos.

Señales en el recreo

Observa estas señales.

| No vayas en monopatín | Usa las papeleras | No te enfades | ¡Sé feliz! |

➡ **Señala las dos afirmaciones que son verdaderas.**

☐ Hay que usar las papeleras.

☐ No puedes ir en monopatín.

☐ Te puedes enfadar.

➡ **Relaciona cada señal con su significado.**

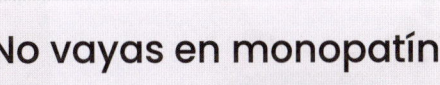 No te enfades

No vayas en monopatín

¡Sé feliz!

 Usa las papeleras

➡ **¿Qué señal te gusta más? ¿Por qué?**

JUEGO 2

¡Empezamos!

Lee el **capítulo 2**. Ordena la historia numerando las **viñetas** del **1** al **4**.

➡ Inventa un título para esta historieta.

Juega con las palabras

Colorea el borde de la fotografía que explica la palabra.

BRUJA

ARMARIO

PAÑUELO

ESCOBA

Encaja las piezas

Colorea igual las figuras que contengan la misma palabra, pero con las letras en distinto orden.

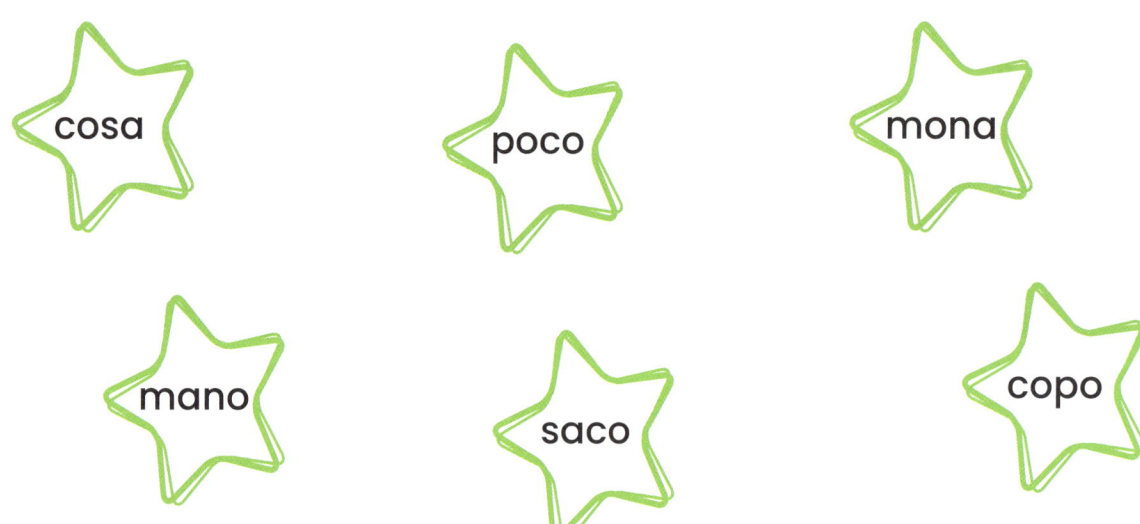

cosa

poco

mona

mano

saco

copo

Idea principal

Señala la frase que mejor explica el dibujo.

☐ ¡Bien! ¡Qué divertido!

☐ ¡Uf! ¡Qué aburrido!

Letra repetida

Encuentra la letra que se repite en la vela y completa la frase que está debajo del barco.

La letra ⬚⬚⬚ se repite ⬚⬚⬚ veces.

Atención a los detalles

Observa los detalles de este dibujo. Cuando creas que te has fijado lo suficiente, pasa la página.

 ¿Recuerdas?

Rodea los tres objetos que estaban en el dibujo de la actividad anterior.

Lee en voz alta

Lee las oraciones con diferentes entonaciones. Prepáralo antes.

¿No funciona, mamá?

¡No funciona, mamá!

¿No funciona? ¡Mamá!

¡No funciona! ¿Mamá?

AUTOEVALUACIÓN

Colorea el lápiz para indicar cómo has hecho la lectura.

| ¡Tengo que mejorar! | Suficiente | Bien | ¡Muy bien! |

Siluetas

Une cada palabra con su silueta.

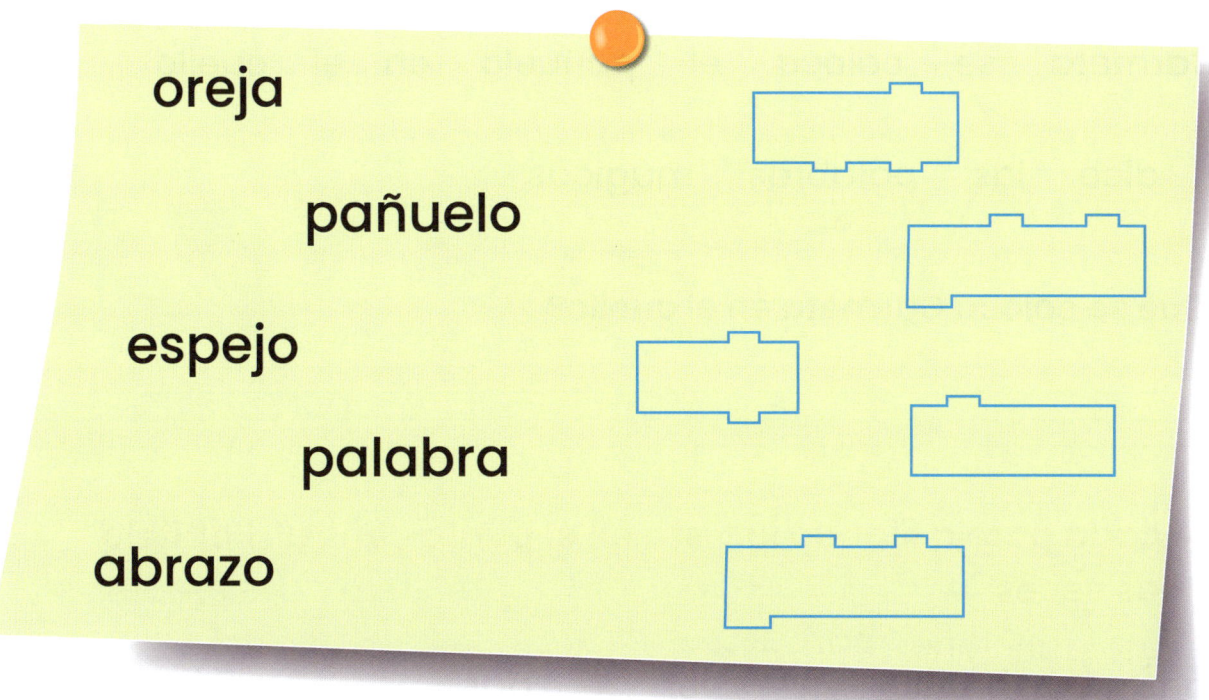

oreja

pañuelo

espejo

palabra

abrazo

Sigue las pistas

Lee las indicaciones con mucha atención y numera los pañuelos del 1 al 4.

- El pañuelo 1 es de color azul con flores amarillas.
- El pañuelo 2 es de color azul con flores blancas.
- El pañuelo 3 es de color verde con flores amarillas.
- El pañuelo 4 es de color amarillo con las flores verdes.

Solo con los ojos

Lee cada palabra con un golpe de vista.

Carmeta   se   coloca   el   pañuelo   en   el   cuello

y   dice   las   palabras   mágicas .

→ **¿Qué se coloca Carmeta en el cuello?**

Lee cada pareja fijando la vista en el punto central. Repítelo varias veces

nariz ☀ bruja   ver ☀ dar   pie ☀ sal

cara ☀ casa   susto ☀ oreja   mano ☀ susto

→ **¿Qué palabra está dos veces?**

¿Qué palabra no se repite?

escoba

brujo   espejo

escoba

pañuelo

pañuelo

espejo

brujo

nariz

La palabra que no se repite es

El cartel de una película

Observa el cartel de una película.

➡ **Señala las dos afirmaciones verdaderas.**

- Los niños menores de 13 años:

  ☐ pagan lo mismo.   ☐ pagan menos.   ☐ no pagan.

➡ **Contesta.**

- ¿Cómo se llama la directora?

- ¿Qué día es más barata la entrada?

- ¿Qué día se estrena?

- ¿Cómo se titula la película?

Una película dirigida por **CARMETA**

Entrada a 7€
(miércoles 3€)
Niños menores
de 13 años, 4€

**LA BRUJA BUENA
SE VUELVE INVISIBLE**
EN CINES
A PARTIR DEL 15 DE AGOSTO

➡ **¿Qué poder tiene la Bruja Buena?**

☐ Vuela.   ☐ Se hace invisible.   ☐ Dispara rayos.

➡ **¿Para qué sirven los carteles de las películas?**

Los muebles de Carmeta

Lee el texto.

El salón tiene una estantería, un sofá y una mesa.

➡ Completa el gráfico con el dibujo que falta.

SALÓN

tiene

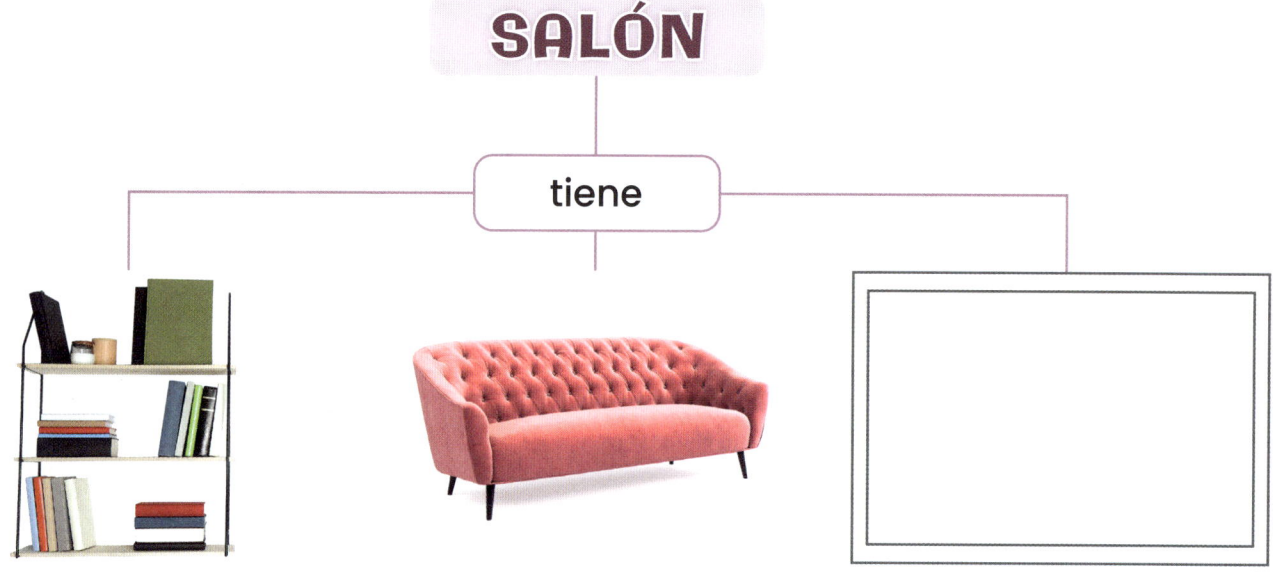

➡ Observa las fotos.

BAÑO

hay

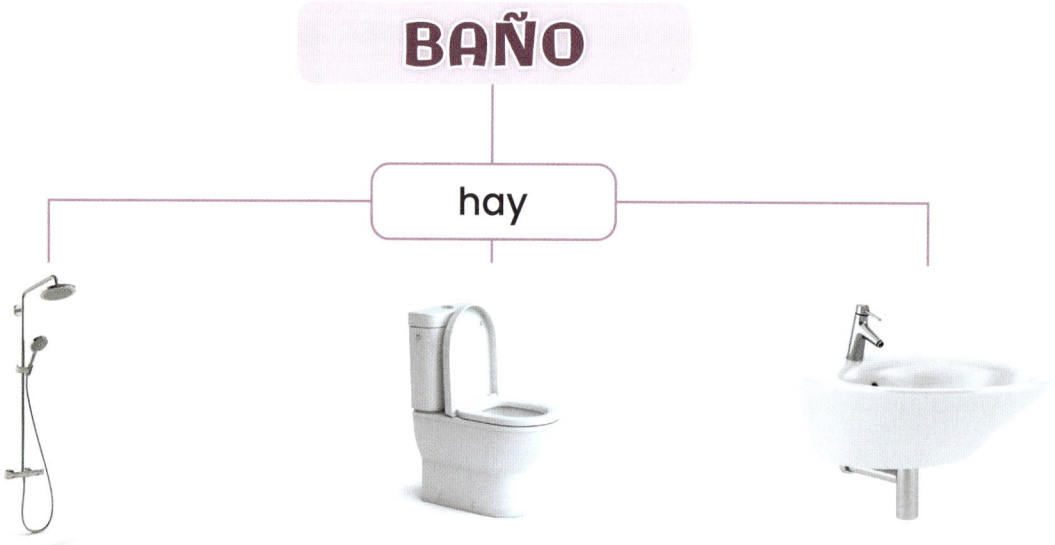

➡ Completa el texto con la palabra que falta.

En el baño hay una ducha, un inodoro y un _____.

Carmeta está contenta

Presta mucha atención al texto que vas a escuchar.

Después, realiza las actividades.

➡ **¿Cómo llamaban a Carmeta? Elige tres nombres.**

☐ Carmen ☐ Caramela ☐ Carmencita ☐ Carmenzuela ☐ Carmela

➡ **¿Cuántas velas apaga Carmeta la primera vez?**

☐   ☐   ☐

➡ **¿Cuántas velas dejó sin apagar?**

☐   ☐   ☐

➡ **¿Cuántos años cumple Carmeta?**

☐   ☐   ☐

➡ **Inventa un título para la historia que acabas de escuchar.**

JUEGO 3

¡Empezamos!

Lee el **capítulo 3**. Rodea con un círculo la respuesta correcta.

➜ ¿Cómo va Carmeta por la casa?

➜ ¿Qué imita Carmeta cuando dice… ¡… brrrum, brrrum…!?

➜ ¿Cómo se lo pasa Carmeta cuando se esconde?

➜ ¿Qué hacen Carmeta y sus padres cuando se encuentran?

Juega con las palabras

Relaciona con una flecha cada foto con su palabra.

MOTO

AVIÓN

SOFÁ

ZAPATILLA

PUERTA

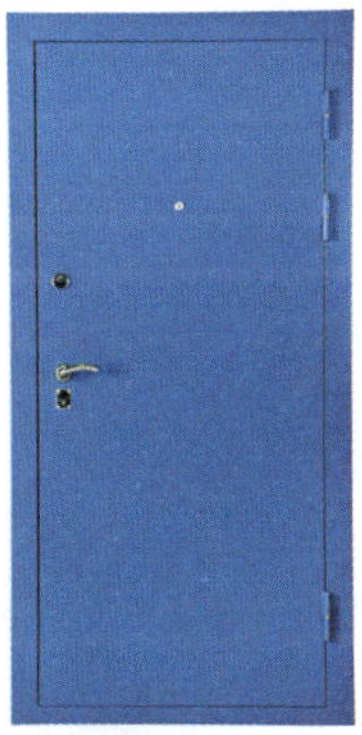

MONSTRUO

ARMARIO

CAMA

Encaja las piezas

Une las sílabas para formar palabras. Escríbelas a la derecha.

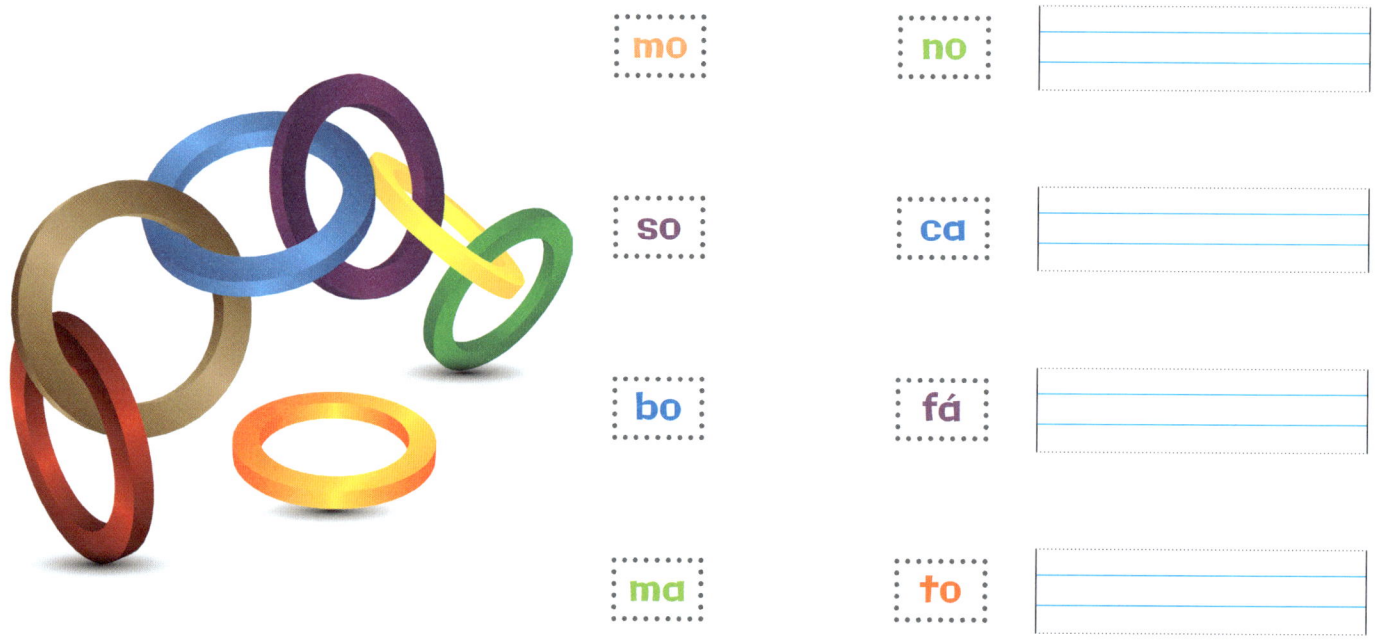

mo	no	
so	ca	
bo	fá	
ma	to	

Idea principal

Observa el dibujo y señala qué título lo explica mejor.

¡... brrrum, brrrum...!

☐ Carmeta va en bici.

☐ Carmeta va en moto.

☐ Carmeta nada en el mar.

Letras repetidas

Cuenta las veces que se repiten las letras indicadas abajo.

MADRE   MOTO   AVIÓN   PASILLO

MANO   ARMARIO   RISA

BOCA   CAMA   CARA

La letra **R** se repite _____ veces.

La letra **M** se repite _____ veces.

La letra **I** se repite _____ veces.

Atención a los detalles

Tacha los nombres que no están dibujados.

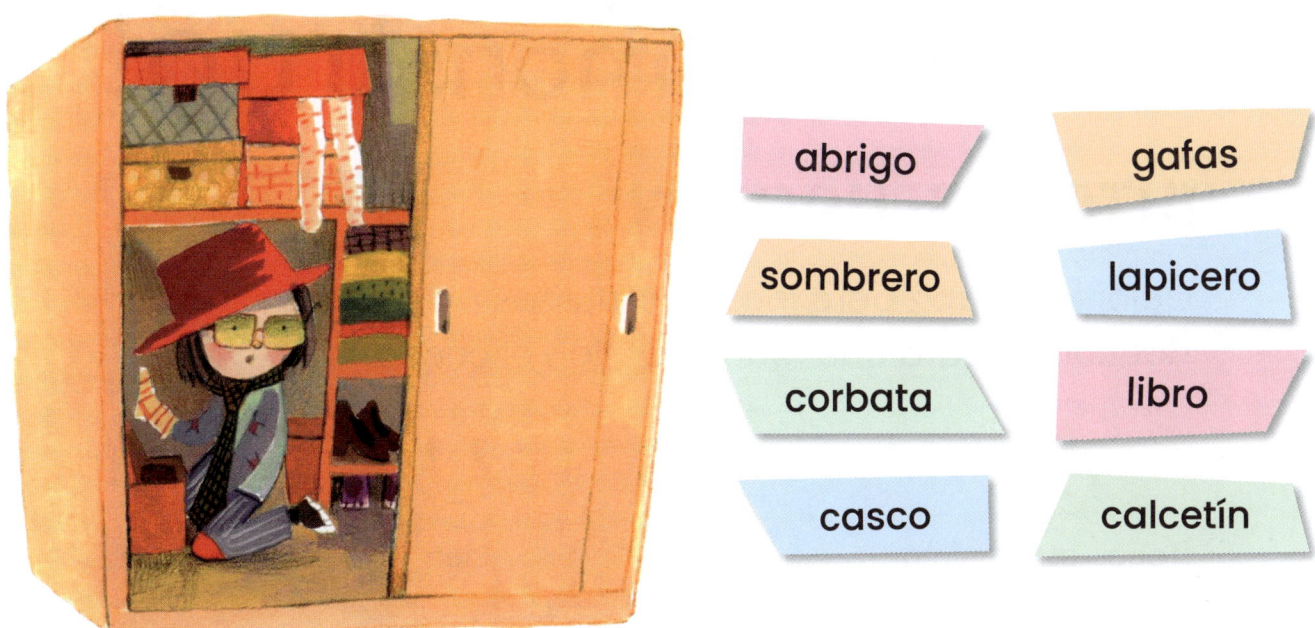

abrigo   gafas

sombrero   lapicero

corbata   libro

casco   calcetín

➜ Fíjate bien en el dibujo y pasa la página.

Verdadero o falso

Recuerda el dibujo de la página anterior y señala las dos afirmaciones que son ciertas.

☐ Carmeta toca el piano.

☐ Lleva gafas de bucear.

☐ Tiene un calcetín en la mano.

☐ Carmeta lleva corbata.

Lee en voz alta

Lee las frases subiendo o bajando el volumen de la voz según el tamaño de las letras.

¡A jugar! ¡Carmeta no está!

¡No estoy! ¡No estoy!

¡Qué miedo!

¡Un monstruo!

AUTOEVALUACIÓN

Colorea el lápiz para indicar si utilizas un volumen adecuado para que todos puedan escucharte.

¡Tengo que mejorar!   Suficiente   Bien   ¡Muy bien!

Palabras repetidas

Subraya las palabras que se repiten en cada columna.

risa	colegio
cama	cuarto
puerta	pierna
cama	silencio
vestido	cuarto

Colorea el camino

Lee las indicaciones con mucha atención y colorea cada camino.

➜ **Colorea de...**

 el camino que le lleva hasta el armario.

 el camino que le lleva hasta la cama.

 el camino que le lleva hasta las cortinas.

Solo con los ojos

Lee cada palabra con un golpe de vista.

Carmeta   abre   la   puerta   del   armario   y   se   encuentra   a   sus   padres .

➡ **¿Dónde estaba Carmeta?**

☐ Detrás de la cortina.   ☐ Debajo de la cama.

☐ Dentro del armario.

Lee cada pareja fijando la vista en el punto central. Repítelo varias veces.

moto ✺ mano   sofá ✺ boca   risa ✺ cara

avión ✺ grito   cama ✺ mano   papá ✺ mamá

➡ **¿Qué palabra está dos veces?**

Escribe el número de veces que se repite la primera palabra.

RISA

rosa – risa – lisa – risa – brisa – risa – rifa – risa – rasa – risa – prisa – rica.

Se repite ⬚ veces.

CAMA

cama – cala – caja – cama – dama – rama – cama – fama – capa – cama – gana.

Se repite ⬚ veces.

La casa de Carmeta

Observa el plano de la casa de Carmeta.

COCINA

BAÑO

SALÓN

HABITACIÓN PADRES   HABITACIÓN CARMETA

➡ **Señala la frase verdadera.**

☐ Hay dos dormitorios.   ☐ Hay dos baños.   ☐ El piso tiene terraza.

➡ **Contesta.**

• ¿Cuál es la habitación más grande: el dormitorio o el salón?

• ¿Cuál es el espacio más pequeño: el baño o la cocina?

• ¿Qué habitación está más cerca de la cocina: el salón o el baño?

➡ **¿Para qué sirve el plano de una casa?**

● ¡Empezamos!

Lee el **capítulo 4**. Después, realiza las actividades.

→ **¿A qué juega Carmeta?**

a Al parchís..

b Al fútbol.

c Al ajedrez.

→ **¿Qué tiene Carmeta para comer?**

a Sopa.

b Espárragos.

c Acelgas.

→ **¿De qué se disculpa Carmeta?**

a De comer caramelos en clase.

b De jugar descalza.

c De hacer trampa con el balón.

→ **¿Qué le parecen las acelgas?**

a Las odia.

b Le gustan mucho.

c Nunca las ha probado.

→ **Indica con una cruz las dos afirmaciones que son verdaderas.**

▢ Carmeta no prueba las acelgas.

▢ Carmeta se cree que es invisible.

▢ Carmeta se come todas las acelgas.

▢ Los padres de Carmeta se enfadan.

→ **Relaciona cada oración con el personaje que la dice.**

¡Odio las acelgas!

¡Es una cuchara mágica!

¡La cuchara se ha movido sola!

¡No estoy!

Juega con las palabras

Relaciona con una flecha cada palabra con su definición.

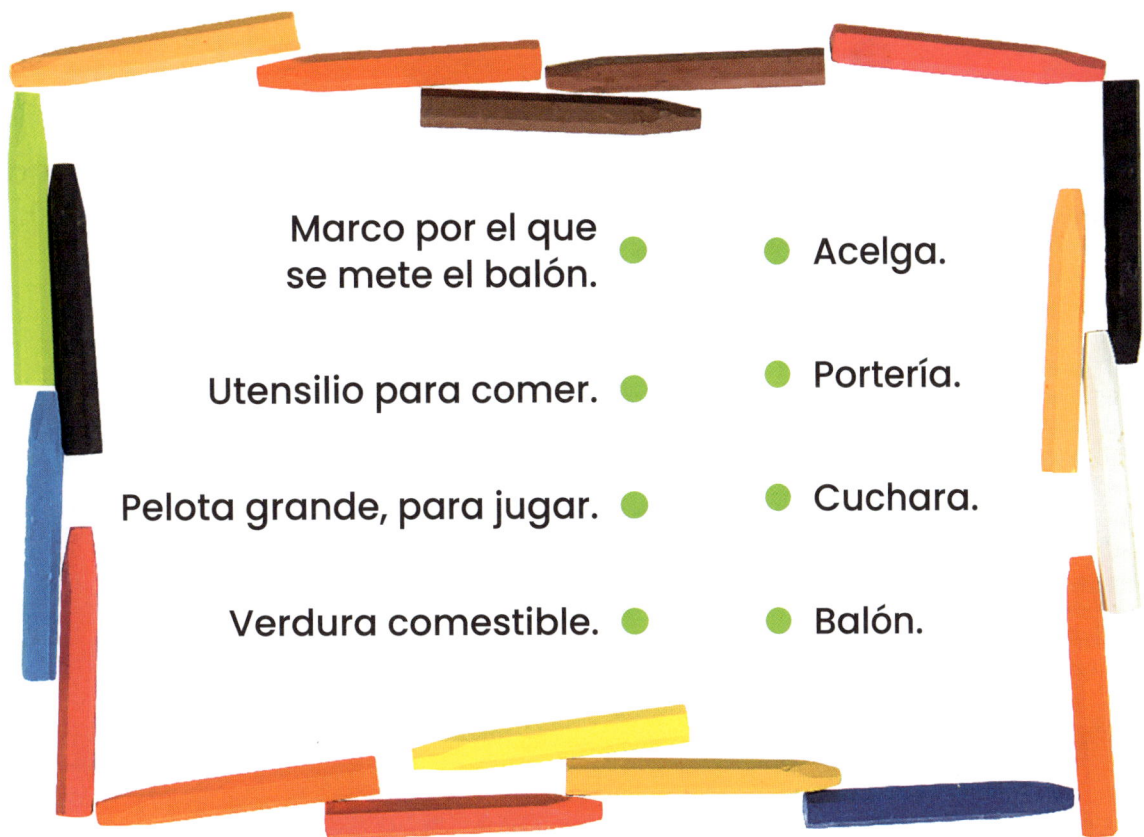

Marco por el que se mete el balón. ●   ● Acelga.

Utensilio para comer. ●   ● Portería.

Pelota grande, para jugar. ●   ● Cuchara.

Verdura comestible. ●   ● Balón.

➜ **Escribe cada palabra junto a su foto.**

Encaja las palabras

Ordena las palabras para formar dos oraciones. Escríbelas debajo.

Carmeta

fútbol

madre

La

al

contesta

juega

no

1 →

2 →

Pon un título

Relaciona cada dibujo con su título.

☐ Carmeta con el balón corre hacia la portería.

☐ Cameta comiendo acelgas.

Letra repetida

Busca la letra que se repite, escribe cuál es y cuántas veces se repite.

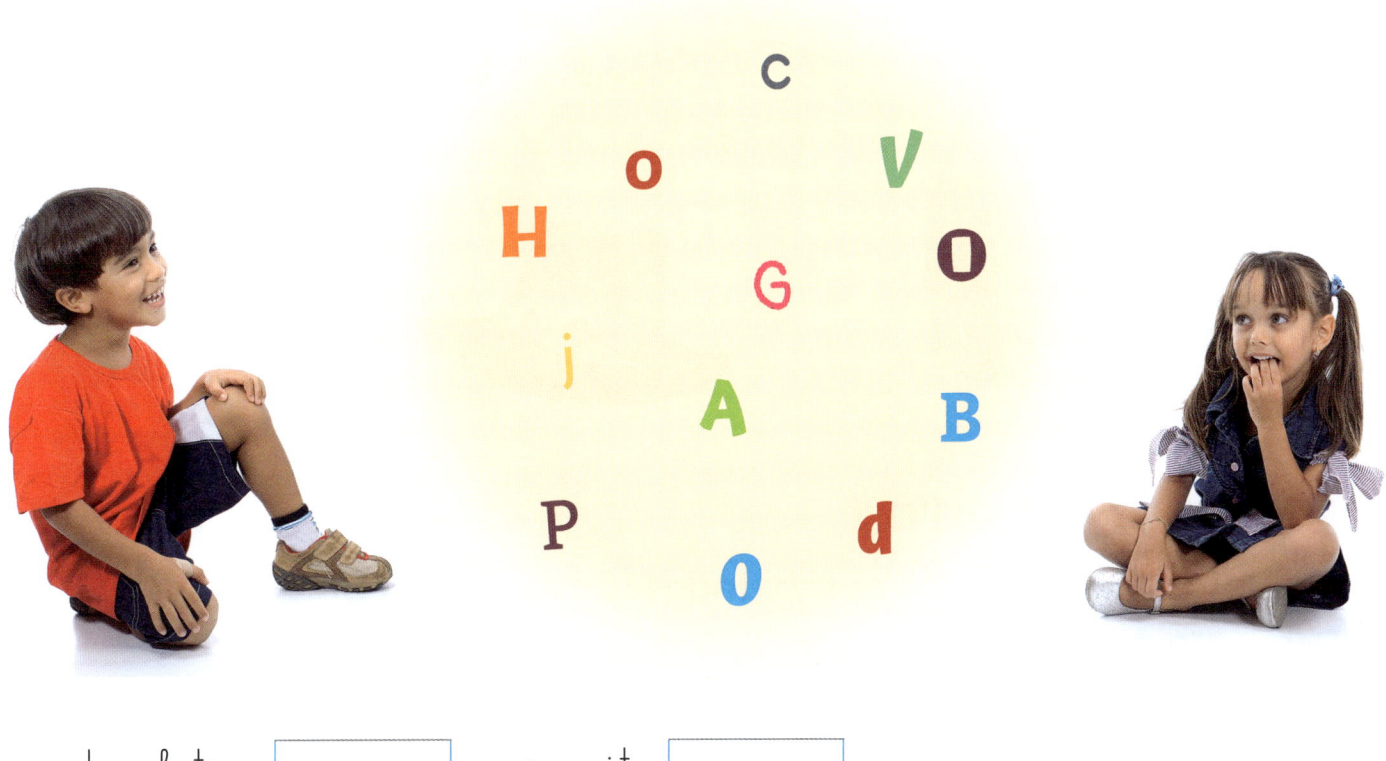

La letra [   ] se repite [   ] veces.

Descubre las diferencias

Descubre las cinco diferencias que hay entre estos dibujos.

¿Te acuerdas?

Rodea los objetos que has encontrado en la actividad anterior.

Lee en voz alta

Lee el texto en voz alta cambiando los dibujos por palabras. Prepáralo antes.

Después de atarse el  , y tocarse la 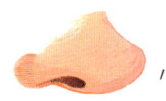 ,

sale disparada detrás del  . Lo coge con las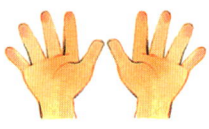

y lo lleva  a la 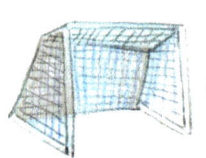 contraria.

AUTOEVALUACIÓN

Colorea el lápiz. Cuando lees, ¿prestas atención?

¡Glup! ¡Nunca!   Casi nunca.   Algunas veces.   ¡Siempre!

Palabras y números

Busca las palabras que corresponden a estos números y escríbelas.

14	recreo	21	nariz	53	risa
55	fútbol	13	cocina	66	portería
42	equipo	41	casa	79	cuarto
86	goles	10	acelgas	84	mesa

86	66	10

13	41	14

Sigue las pistas

Lee las indicaciones con mucha atención y encuentra el balón de Carmeta.

1. Es rojo y blanco.

2. Es un balón grande.

1   2   3   4

El balón de Carmeta es el número  .

Solo con los ojos

Lee cada palabra con un golpe de vista.

Carmeta   levanta   la   tapa   de   la   cazuela   y   se

queda   de   piedra .

→ ¿Qué levanta Carmeta?

Lee cada pareja fijando la vista en el punto central. Repítelo varias veces.

clase ✳ mesa   salud ✳ nariz   plato ✳ aire

boca ✳ tapa   sola ✳ boca   oreja ✳ baño

→ ¿Qué palabra está dos veces?

Mensaje secreto

Escribe la letra que está al lado de los números para saber qué hace Carmeta.

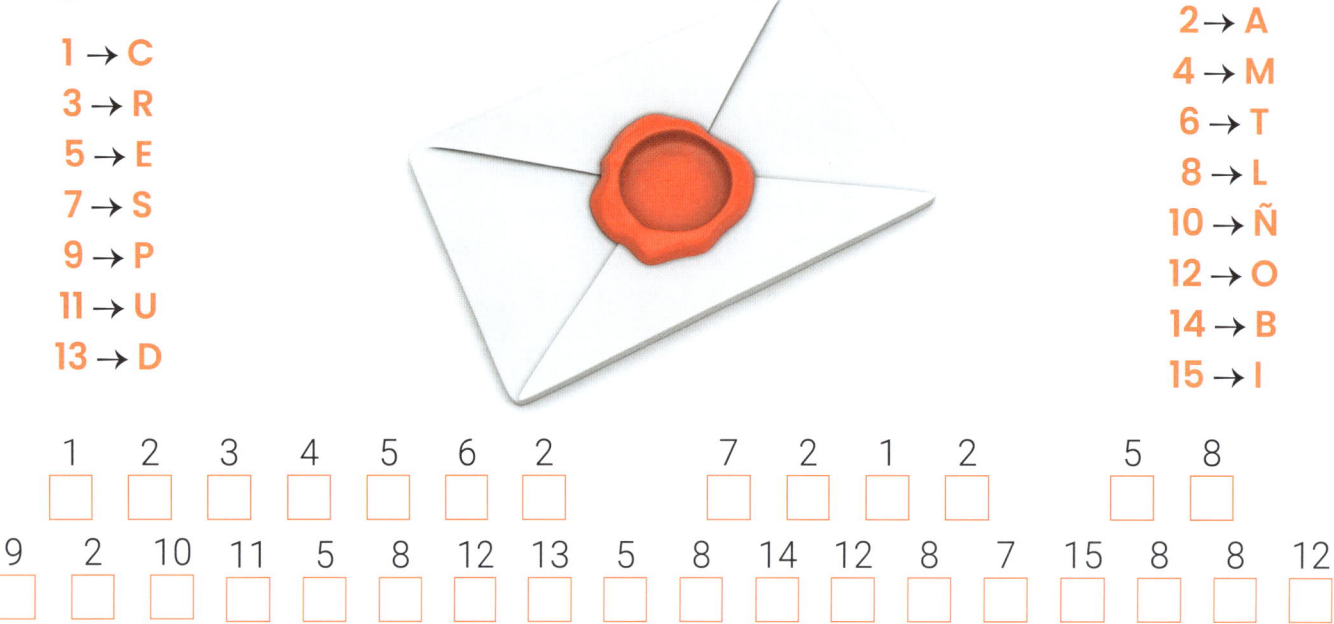

1 → C
3 → R
5 → E
7 → S
9 → P
11 → U
13 → D

2 → A
4 → M
6 → T
8 → L
10 → Ñ
12 → O
14 → B
15 → I

1	2	3	4	5	6	2		7	2	1	2		5	8
☐	☐	☐	☐	☐	☐	☐		☐	☐	☐	☐		☐	☐

9	2	10	11	5	8	12	13	5	8	14	12	8	7	15	8	8	12
☐	☐	☐	☐	☐	☐	☐	☐	☐	☐	☐	☐	☐	☐	☐	☐	☐	☐ |.

Cómo aliñar una ensalada

Lee estas instrucciones y, después, realiza las actividades.

ENSALADA VERDE

Ingredientes de la ensalada:

- 1 lechuga.
- tomates.
- pepino.
- aceitunas sin hueso.

Pide a un adulto que te ayude a lavar y trocear la verdura.

Ingredientes del aliño:

Aceite de oliva   Vinagre   Sal

Pasos:

1. Echa un poco de sal.
2. Añade un poco de vinagre.
3. Echa el aceite de oliva.
4. Mézclalo todo.

Un consejo: aliña la ensalada justo antes de comerla.

→ **¿Cuándo hay que aliñar una ensalada?**

☐ El día anterior.

☐ Justo antes de comerla.

→ **Rodea los 4 ingredientes que necesitas para hacer esta ensalada:**

→ **Indica el orden en el que tienes que echar los ingredientes del aliño:**

→ **¿Qué has aprendido con esta receta?**

La comida de Carmeta

Lee el siguiente texto para conocer las frutas que le gustan a Carmeta.

Sus frutas favoritas son: el plátano, la fresa, la naranja y la manzana.

→ Completa los gráficos con los dibujos que faltan.

FRUTAS

son

Las verduras preferidas de Carmeta son las zanahorias, las judías verdes, el repollo y los guisantes.

→ Completa este grafico con el dibujo de la verdura que falta.

VERDURAS

son

→ Completa el texto.

Mi fruta preferida es _____ .

La bruja buena

Escucha con atención el texto que va a leer el profesor o la profesora. Después, realiza las actividades.

➜ **¿Quién protagoniza la película?**

☐ Una bruja mala. ☐ Un hada.

☐ Una bruja buena. ☐ Unos brujos.

➜ **¿Qué se toca la bruja buena para desaparecer?**

➜ **¿Qué se toca para volver a aparecer?**

➜ **¿Con qué les pega a los brujos la bruja buena?**

➜ **Carmeta piensa que para hacerse invisible le falta...**

☐ una nariz de payaso. ☐ un pañuelo. ☐ una varita mágica.

➜ **Inventa un título para la historia que acabas de escuchar:**

¡Empezamos!

Lee el **capítulo 5**. Después, ordena esta historia numerando los dibujos del **1** al **4**.

Contesta a estas preguntas.

➡ **¿Qué le ha pasado a Carmeta?**

☐ Se ha caído.   ☐ Le ha entrado la risa.   ☐ Se ha perdido.

➡ **¿Qué harías si te ocurriera lo mismo?**

Juega con las palabras

Une con una flecha cada palabra con su dibujo.

MONOPATÍN

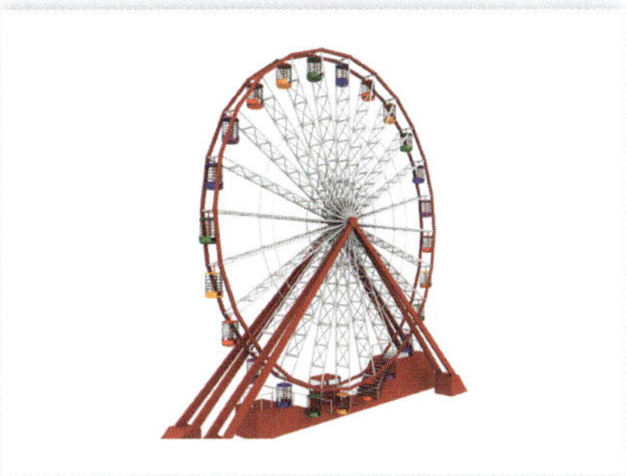

GUITARRA

ALGODÓN

COCHE

NORIA

➡ **Completa las oraciones con estas palabras.**

Me gusta comer _____ de azúcar en la feria.

Mi _____ tiene tres ruedas..

Canto y toco la _____.

Fuimos en _____ al parque de atracciones.

La _____ no dejaba de girar.

¿Cuántas veces?

Lee las letras y los números. Escribe:

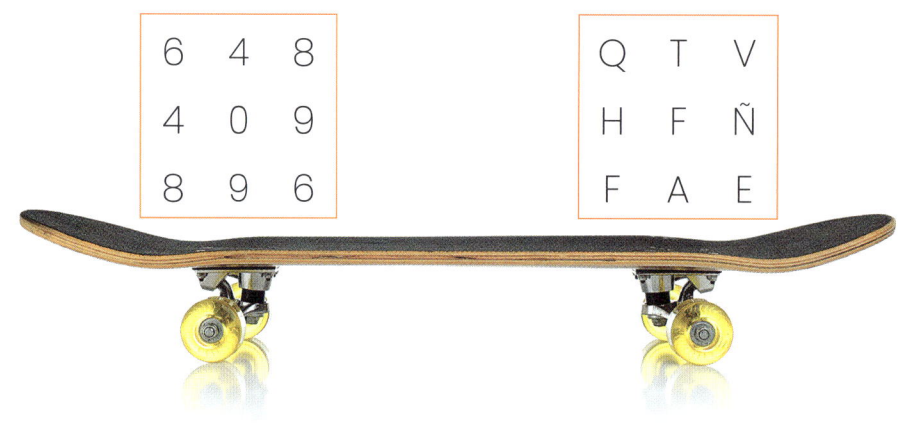

6	4	8
4	0	9
8	9	6

Q	T	V
H	F	Ñ
F	A	E

El número que no se repite. ☐   La letra que se repite 2 veces. ☐

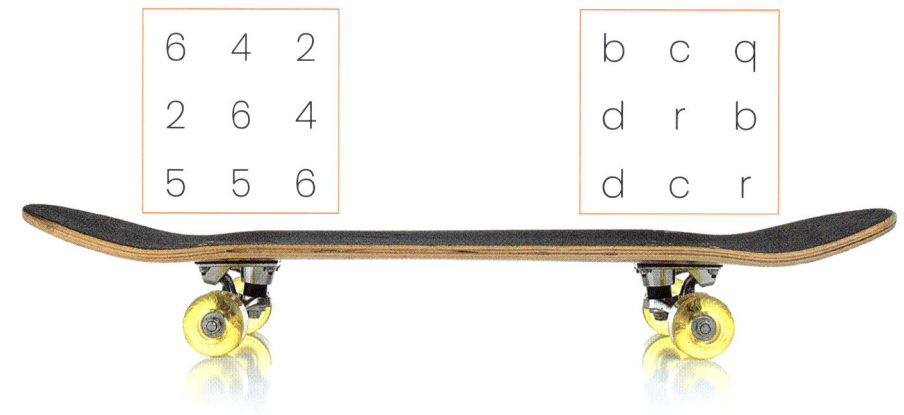

6	4	2
2	6	4
5	5	6

b	c	q
d	r	b
d	c	r

El número que se repite 3 veces. ☐   La letra que no está repetida. ☐

Busca el título

Fíjate bien en los dibujos.

➡ **¿A qué dibujo corresponde cada uno de estos títulos?**

☐ ¡Qué miedo!   ☐ ¡Me he perdido!   ☐ ¡Qué rico!

Palabras y siluetas

Une cada palabra con su silueta.

sorpresa

cabeza

guitarra

algodón

entrada

Sopa de letras

Busca y colorea las palabras que representan a las imágenes.

V	A	R	I	T	A	U	P
J	P	E	R	R	O	T	G
A	M	O	J	O	S	Y	H
S	O	N	R	I	S	A	I
T	R	A	O	M	A	N	O
R	P	T	N	O	R	I	A

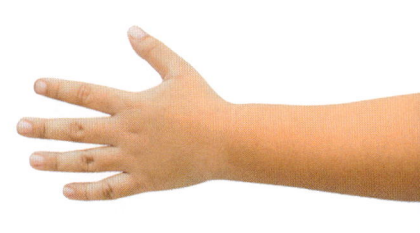

➔ Memoriza las palabras y pasa la página.

 ¿Recuerdas?

Rodea las seis imágenes que aparecían en la sopa de letras.

Lee en voz alta

Lee estas palabras en voz alta siguiendo el orden de los números.
Prepara la lectura antes de hacerla.

4	los algodones
1	Carmeta se
3	quiosco de
5	de azúcar.
2	acerca al

AUTOEVALUACIÓN

Colorea el lápiz para indicar cómo has hecho la lectura.

| ¡Tengo que mejorar! | Suficiente | Bien | ¡Muy bien! |

Sigue la flecha

Une las letras que hay en las puntas de cada estrella
y forma cuatro palabras.

→ **Escríbelas debajo.**

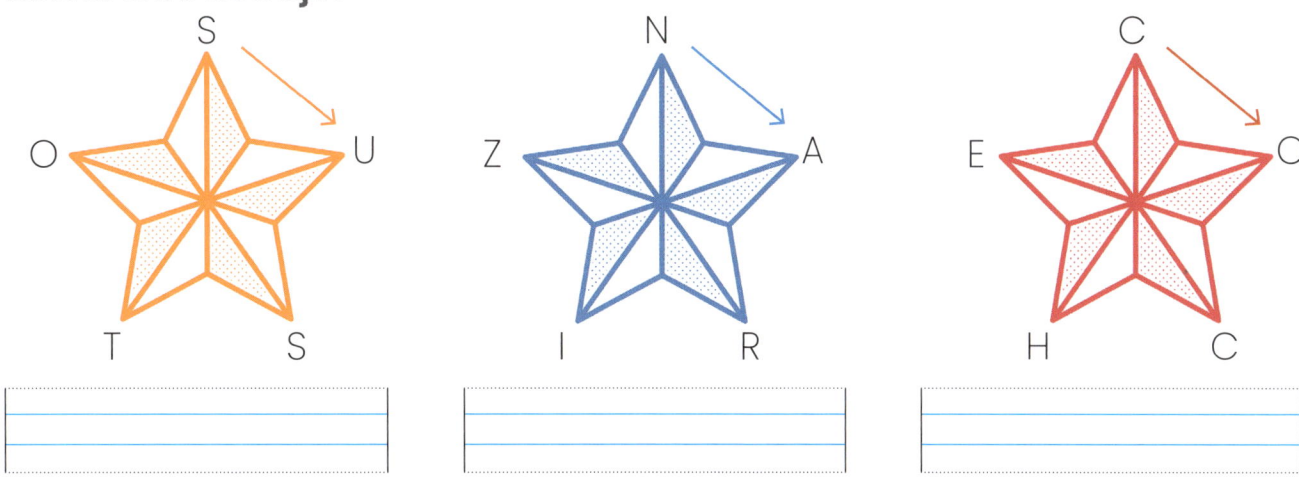

De colores

Lee las indicaciones y colorea este dibujo.

Colorea:

- de **azul**, el algodón de azúcar grande.
- de **rosa**, el algodón de azúcar pequeño.
- de **rojo**, las manzanas de caramelo.
- de **verde** y **naranja**, el toldo.

Solo con los ojos

Lee las palabras de cada recuadro de un solo golpe de vista.

Carmeta   pide   a   sus   padres   que   le   compren

un   algodón   de   azúcar .

➡ **¿Qué pide Carmeta a sus padres?**

Lee cada pareja de palabras fijando la vista en el punto.

día   🔶   ojo   noria   🔶   viaje   rusa   🔶   vida

sofá   🔶   capa   largo   🔶   coche   sofá   🔶   baja

➡ **¿Qué palabra se repite dos veces?**

Lee estos dos textos y busca las palabras que se repiten en ambos.

➡ **Rodea las cinco palabras de más de tres letras que se repiten en el texto número 2.**

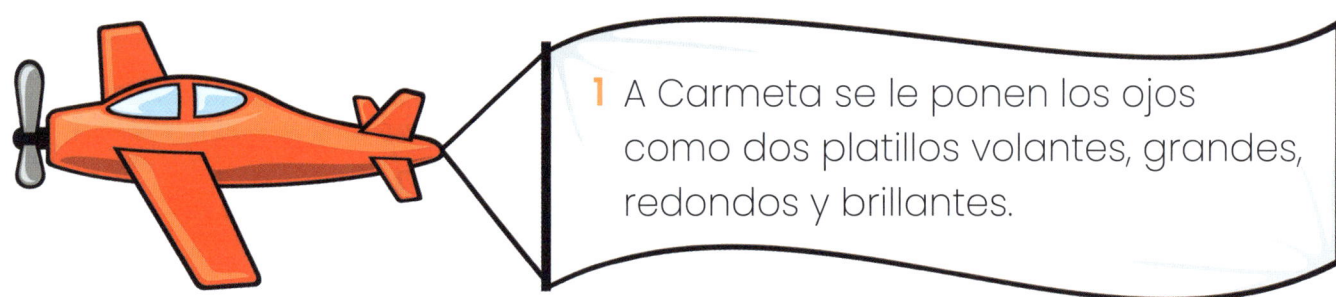

1 A Carmeta se le ponen los ojos como dos platillos volantes, grandes, redondos y brillantes.

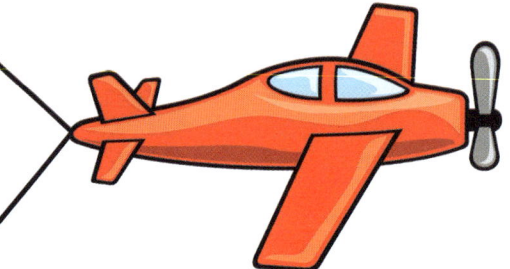

2 A Carmeta le encantan los algodones grandes y redondos. Los mira con sus ojos brillantes una y otra vez.

Una entrada para el parque

Lee la entrada de Carmeta al parque de atracciones.
Después, realiza las actividades.

→ **¿Para qué día es la entrada?**

☐ 7 de agosto, domingo.   ☐ 8 de julio, martes.

→ **¿Qué atracciones son gratis con esta entrada?**

☐ Las de mayores.   ☐ Las infantiles.

→ **Señala lo que no puedes meter en el parque.**

→ **¿A qué hora cierra el parque?**

☐ A las 10 de la mañana.   ☐ A las 10 de la noche.   ☐ No cierra.

→ **¿Qué información te parece más importante?**

¡Empezamos!

Lee el capítulo 6. Después, realiza las actividades.

→ **¿Cómo está Carmeta?**

a Asustada.

b Tranquila.

c Muy feliz.

→ **Carmeta dice a la gente que...**

a le compre un algodón.

b se ha perdido.

c no le gusta la noria.

→ **¿Dónde se sienta Carmeta?**

a En un banco.

b En una escalera.

c En el suelo.

→ **¿Qué grita Carmeta?**

a ¡Quiero ir a casa!

b ¡Tengo hambre!

c ¡No estoy jugando!

→ **¿Quién encuentra a Carmeta?**

a Sus padres.

b Un policía.

c Una mujer.

→ **¿Cómo encuentran a Carmeta?**

a Oyen su llanto.

b Ven su pañuelo.

c Escuchan su risa.

→ **Señala el dibujo correcto.**

¡Quiero ser siempre invisible!

¡Nunca más seré invisible!

Juega con las palabras

Escribe cada palabra junto a su dibujo.

escuchar • llorar • agarrar • gritar • abrazar

Une con una flecha cada palabra con su definición.

Escuchar •   • Coger con fuerza.

Llorar •   • Oír con atención.

Agarrar •   • Rodear con los brazos

Gritar •   • Echar lágrimas.

Abrazar •   • Levantar la voz.

Un poco de orden

Marca con una cruz la oración correcta.

- ☐ Carmeta es muy cariñosa.
- ☐ cariñosa es Carmeta muy.
- ☐ Muy Carmeta cariñosa es.

- ☐ desaparecer a No volveré.
- ☐ No volveré a desaparecer.
- ☐ volveré No desaparecer a.

Ponle un título

Elige el título más adecuado para cada dibujo y escríbelo debajo.

> Carmeta está asustada.

> Los padres abrazan a Carmeta.

> Los padres llaman a Carmeta.

> Carmeta está contenta.

1

2

Letra y números repetidos

Fíjate bien en los cuadros y responde.

a	p	b
n	m	p
a	m	b

¿Qué letra no se repite?

e	u	e
i	u	o
o	i	e

¿Qué vocal falta?

3	1	4
2	5	6
8	9	1

¿Qué número falta del 1 al 9?

20	11	52
22	20	52
22	41	41

¿Qué número no se repite?

Busca y encuentra

Busca las atracciones del recuadro en el dibujo.

→ **Utiliza un lápiz del color con el que están escritas las palabras para rodearlas.**

Noria • tobogán • tren de la bruja • tiovivo • castillo hinchable

¿Recuerdas?

Rodea los cinco dibujos que no aparecen en la imagen anterior.

Lee en voz alta

Lee en voz alta este trabalenguas. Prepara antes la lectura.

La bruja piruja
prepara un brebaje
con cera de abejas,
dos dientes de ajo,
cuatro lentejas
y pelos de oveja.

AUTOEVALUACIÓN

Colorea el lápiz para indicar cómo has hecho la lectura.

¡Tengo que mejorar!

Suficiente

Bien

¡Muy bien!

Mensaje secreto

Escribe la primera letra de cada objeto dibujado en cada casilla para descubrir el mensaje.

1	2	3	2	4		5	6		3	6	7	8	6	5	7	6	9

6	5		4	10	5	8	3	2

Sigue las pistas

Lee estas pistas para saber cuál es el algodón de azúcar que le gusta a Carmeta.

→ **El algodón de azúcar preferido de Carmeta:**

- Es de color azul.

- Tiene el palo rojo.

- Tiene bolitas de colores por encima.

Es el número ☐.

Solo con los ojos

Lee las palabras de cada recuadro de un solo golpe de vista.

Compran   un   algodón   de   azúcar   con   muchos
colorines   y   se   van   del   parque .

➜ ¿Qué compran?

Lee cada pareja de palabras fijando la vista en el punto.
Repítelo varias veces.

cien   ✹   hora   rato   ✹   cosa   cien   ✹   tres

bolso   ✹   suelo   gente   ✹   fuerte   dedo   ✹   mano

➜ Escribe la palabra que se repite.

Subraya las palabras que se repiten dentro de cada columna.

gente	abrazo
miedo	beso
medio	parque
gente	niño
oreja	beso

El plano del parque de atracciones

Lee el plano del parque de atracciones y responde.

➜ **¿Qué está más cerca de la entrada?**

⬜ La noria.   ⬜ El teatro.   ⬜ El tren.

➜ **¿Qué está más lejos de la entrada?**

⬜ El castillo.   ⬜ La noria.   ⬜ El tobogán.

➜ **¿De qué color es el camino de la noria al tiovivo?**

⬜ Naranja.   ⬜ Verde.   ⬜ Azul.

➜ **¿De qué color es el camino del tiovivo al castillo?**

⬜ Rojo.   ⬜ Verde.   ⬜ Naranja.

➜ **¿Qué atracción visitarás en primer lugar? ¿Por qué?**

 # En el parque

Lee este texto. Completa el gráfico con los dibujos que faltan.

En el tiovivo hay caballos, jirafas, tigres y cerditos.

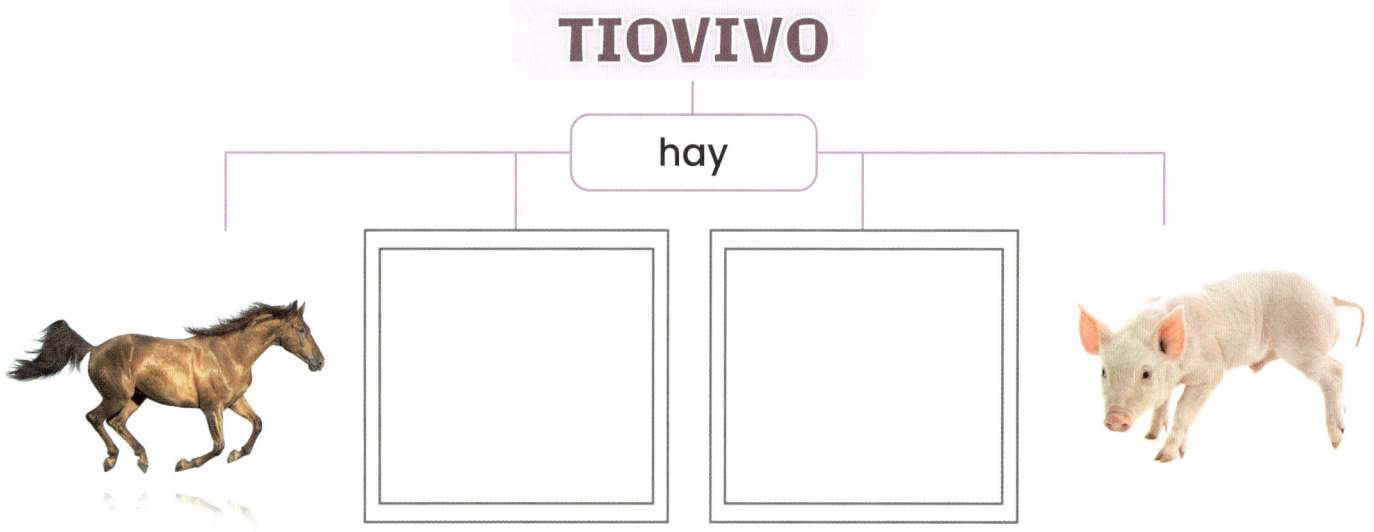

TIOVIVO

hay

Observa el gráfico.

QUIOSCO

venden

➡ **Completa el texto con las palabras que faltan.**

En el quiosco venden manzanas, piruletas, _____

y _____ .

El partido

Presta atención al texto que vas a escuchar. Luego, realiza las actividades.

➜ **¿A qué juega Carmeta?**

☐ Al baloncesto. ☐ Al fútbol. ☐ Al tenis. ☐ Al ajedrez.

➜ **¿Cómo lleva el balón Carmeta?**

➜ **¿Qué dicen sus compañeros?**

☐ ¡Muy bien! ☐ No vale. ☐ Pásala.

➜ **¿Qué les dice Carmeta a sus compañeros? Subráyalo.**

¡¡¡GOOOL!!!

¡Sí que vale!

Lo siento.

➜ **¿Qué hace Carmeta al llegar a casa?**

☐ Se lava la cabeza. ☐ Se lava las manos. ☐ Se acuesta.

➜ **Inventa un título para esta historia.**

En la realización de esta obra han intervenido:

Asesoría

Carlos Álvarez de Eulate

Edición

Amparo Moreno Gullón

Maquetación

Raima Aguilar Domingo

Diseño gráfico

Cristóbal Gutiérrez Camacho y Antonio Sereno Recio

Ilustración

Marta Fábrega Gomila

Fotografía

123RF y colaboradores e iStock

Los **audios** para «Escucho y Comprendo» (páginas 19, 37 y 55) están disponibles en

Las actividades de este cuaderno, que se basan en el libro *Carmeta no está,* de Carlos Álvarez de Eulate, publicado por el Grupo Editorial Bruño en su colección «Altamar», están elaboradas de acuerdo con los criterios psicopedagógicos y los requerimientos del Proyecto Editorial de Juegos de Lectura - Lectura Eficaz.

La denominación **Juegos de Lectura - Lectura Eficaz** (distintivo con gráfico) está registrada a nombre de Grupo Editorial Bruño, S. L. (marca M1567099).

© del texto: Grupo Editorial Bruño, S. L., 2025
© de esta edición: Grupo Editorial Bruño, S. L., 2025
      Valentín Beato, 21
      28037 Madrid

ISBN: 978-84-696-3580-3
Depósito legal: M-832-2025

Printed in Spain